Liebe

Einflügelengel ®

Alle Rechte der Verbreitung
durch Schriften, Fernsehen, Funk,
Film, Video, foto- oder computertechnische
sowie zukünftige Medien sind vorbehalten.
Bei Zuwiderhandlung und
missbräuchlicher Verwendung kann
Schadenersatz gefordert werden.

Impressum

1. Auflage Oktober 2016

E-Mail: einfluegelengel@einfluegelengel.de
Internet: www.einfluegelengel.de

Ideen und Texte
Einflügelengel

Herstellung und Verlag:
BoD - Books on Demand, Norderstedt

ISBN: 9 783741 283062

Auf einen Blick

Dieses Buch ist für:..9
Wolkenhupfer..10
Lippenstift real life..17
Mein Stern...19
Herzenszeit..20
Reiches Leben 22
Supersonnenzeit..23
Geborgen bei Dir...26
Herzklopfen...28
Liebevolles Streitgedicht...30
Von Dir berührt...32
Verbindende Liebe..33
Regenbogenfische..34
Nur für Dich..35
Glücklich..37
Was ich mit Dir verbinde..39
Meeresbrücken..43
Die größte Macht..44
Sonnenscheingruß...46
Liebe Sprüche...47

Wie edles Metall..101
Zweiter Schutzengel..102

Dieses Buch ist für:

…................................

Wolkenhupfer

Los, nur einen Schritt …
Ich hupf auf Wolken,
hupfst Du mit …?

Auf Wolke sieben bin ich grad,
da sind noch Wolkenschuh parat …

Die passen Dir
wie angegossen,
kletter mit mir
auf Himmelsleitersprossen …

Siehst Du die vielen
abertausend Wolkenbauschen,
die hier oben spielen,
kannst Du ihren Klängen lauschen …?

Sei nicht recht schüchtern,
hier ist nichts zu weit,
siehst Du die Dinge auch ganz nüchtern,
es ist Wolkenhupfer-Zeit …

Siehst Du die Wolke dort unten,
drei Himmelmeter weiter,
den Lüftevagabunden,
komm, wir springen von der Leiter …

Halt fest die Hand,
wir springen gleich,
schwups, wir sind auf Wolkenland,
wie toll und so schön weich …

Hast Du die Wolkenschuh
noch an …?
Zieh sie aus im Nu,
jetzt ist Wolkenchillen dran …

Die Wolke hat ja obendrein
Massagemodus, das ist fein.

Schau doch die vielen
Lichteffekte an,
sie spielen miteinander
was man hier noch alles sehen kann!

Wolkenhupfer
sind wir zwei,
hol mal den Wolkentupfer,
hast Du ihn denn noch dabei …

Wolken, sie sind kitzelig,
ja und wie,
ist doch witzig,
das glauben die da unten nie …

Hörst Du, wie die Wolken lachen,
wenn Du sie mit dem Wolkentupfer neckst,
schau, die Saltos, die sie machen,
wie schön, dass Du mit mir auf einer Wolke steckst …

Wo hast Du eigentlich
die Himmelssommersprossen her?
Die sind doch sicherlich
vom Himmelssommersprossenmeer …

Dass die liebe Himmelssonne dort

mit ihren Strahlen himmelssommersprosst,

es sind so viel, sie reisen fort

in nah und fern, in West und Ost …

Die Menschen dort weit unten,

alles Wolkenhupfer, wenn sie's wüssten,

hat so manche Himmelssommersprosse schon gefunden,

im Binnenland und auf den Küsten …

Sie sind die Boten voller Freude

von hier ganz oben,

sie laden ein die Leute,

um Wolkenhupfen zu erproben …

Denn das ist ganz, ganz ehrlich
Himmelsangelegenheit
und nicht entbehrlich
für die Erdenzeit.
Einzig die Fantasieleiter
mussten wir beide gehen,
zehn Sprossen und zwei Schritte weiter,
und es wurd' so wunderschön.

Noch lange wir
auf Wolkenreise sind,
wir freuen uns hier
wie ein kleines, spielend Kind …

Nichts ist hier normal,
aber alles ist besonders schön,
selbst Fantasie ist hier egal,
weil wir die Wunder spielen sehn.

Lippenstift real life

Wimperntusche und Eyeliner,
Schminke aus dem Töpfcheneimer,
Schmuck, Lippenstift – vielerlei
hat Frau heute dabei …

Aber Du –
brauchst doch gar kein' Lippenstift,
Du hast auch alles so im Griff,
weder hellbraunen noch pinken,
brauchst Dich doch wirklich
gar nicht schminken …

Auch gar nicht Deine Wimpern
Tuschen,
nicht mit Schmuck klimpern,
kannst doch nichts verpfuschen …

Make-up kannst getrost abschminken,
weil Deine Wimpern schmückend winken,
natürlich kannst Du es auch anders machen,
Dein Angesicht wird so oder so schön lachen ...
Ich möcht' Dir sagen,
dass ich Dich auch so, so mag,
an allen Tagen
bin ich froh, dass ich Dich hab.

Mein Stern

Du bist mein Stern,
ich habe Dich gern,
Du leuchtest bei Nacht,
Du bist – irgendwie
vom Himmel gebracht.

Herzenszeit

Mit Dir beginnt Unendlichkeit,
die nur Herzenszeit kennt,
Du bist wie jene Freiheit,
in die mein Herz rennt –

die mich zum Slalom bringt,
am Weg der Wunder entlang,
mich jeden Berg hinauffahren lässt,
als wär's ein abschüssiger Hang …

Verleihst mir Flügelschläge,
ohne Deine zu verleihen,
es gibt mehr als tausend Wege,
an denen Blumen für uns gedeihen,

die wir aus Lüften erblicken,
in denen unsere Sinne treiben,
die uns Farben schicken,
die sonst „nur" im Himmel bleiben …

Ins Meer der Empfindungen
tauchen unsere Herzen ein,
schlagen Wellen, die gesungen,
der Stimme unseres Glücks allein …

Reiches Leben …

Wenn im Leben
eines uns doch bliebe:
Tage voller Frohsinn,
Licht und Liebe,

dann wären die Menschen
glücklich und auch gleicher,
und unser aller Leben
so viel reicher …

Supersonnenzeit

Jetzt strahlen mal wir –
wir erhellen den Tag …!
Wir sind gemeinsam hier
und jeder den anderen mag!

Wir sind zu zweit,
wir leuchten füreinander,
denn es ist Lichtzeit
für ein „Miteinander".

Wir reisen als Strahlen,
als gebündeltes Licht –
wohin Lichtstrahlen fallen,
gibt's Dunkelheit nicht …

Wir treffen aufeinander
und sind doch so gleich,
wir sind beieinander
und irgendwie unsagbar reich.

Licht nimmt uns mit,
nichts ist zu weit …!
Schritt um Schritt,
zur „Supersonnenzeit".

Geborgen bei Dir

Daheim im Warmen –
bei Dir geborgen,
in Deinen Armen
vergesse ich Sorgen …

Vieles war geschehen
in vergangener Zeit,
die Gedanken gehen –
ich atme auf, befreit …!

Du bist mein Schutz,
der mich hier hält,
helfend – ohne Eigennutz
und für kein Geld.

Herzklopfen

Ich hab Herzklopfen,
wenn ich Dich seh',
Herzklopfen,
wenn ich zu Dir geh'.

Mein Herz klopft,
wenn ich an Dich denk',
wenn ich meine Schritte
zu Dir lenk'.

Hab Herzklopfen,
wenn ich neben Dir steh',

Herzklopfen,
wenn ich Dich wiederseh'.

Ich hab Herzklopfen
jeden Augenblick,
wenn ich meine Gedanken
zu Dir schick' …

Hab wegen Dir
Herzklopfen,
hast Du dafür
Herztropfen?

Liebevolles Streitgedicht

Wir müssen uns
heute streiten,
die Leute sagen,
es gehört dazu …

Fang bitte an,
Du kannst mich leiten,
Du streitest los,
ich hör Dir zu …

Wenn Du nicht weiterweißt,
ich bleibe stumm,
ich bin, der in Fantasie verreist,
wenn ich nur träum',
wenn ich nur summ' …

Streit lege ich gern beiseite,
mit Streit mache ich gerne Schluss,
schöne Dinge ich Dir gern bereite,
fang an mit einem lieben Kuss …

Von Dir berührt

Du berührst mich
wie ein Sonnenstrahl,
voll Strahlen
Deines Augenlichts,
so rein
wie ein Wasserfall,
so hell wie ein Lächeln
wundervollen Lichts,

jeder Augenblick,
jeder Licht-Blick,
füllt mein Herz
mit Glück ...

Verbindende Liebe

Liebe ist auch jene Macht,
die zwischen Menschen
keine Unterschiede
macht ...

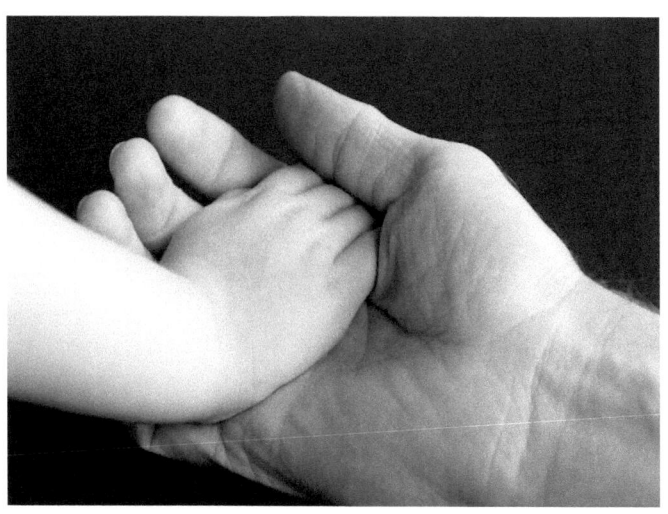

Regenbogenfische

Wie Regenbogenfisch,
der fröhlich
im Wasser ist,
braucht mein Herz Dich,
da Du mit
Deiner Liebe für mich,
wie dieses Wasser bist …

Nur für Dich

Wenn die Zeit stillsteht
und Flügel bekommt,
wenn mein Herz schneller geht
und Deines mitkommt

in ein wundervolles Land,
das lange schien so weit,
jede unserer Hand
voll gefüllt mit Zweisamkeit …

Wenn Deine Blicke
mich anblicken,
wie die Strahlen
von verliebtem Sein,

möcht' ich Dir
Herzensflügel schicken,
sie seien für immer
Dein und mein …

Wenn Deine Wege
uns gemeinsam schicken,
dort, wo die letzten
Sonnenstrahlen untergeh'n,

wenn auf unseren Wegen
Frühlingsblätter nicken,
möcht' das Glück selbst
uns einander in den Armen seh'n …

Glücklich

Du gibst Augenblicken Nummern,
Nummern in der Lotterie des Glücks,
Treffer glücklicher Momente,
deren Hauptgewinn Du bist …

Berührst mich, Blick um Blick,
rührst mein Herz gar lächelnd an,
jedes Lachen, das Du schickst,
schickt mein Herz auf seine Bahn …

Abgetragene Schuhe
vorausgegangener Zeit,
lege ich ab –
lege ich ab mit Dir,

schlüpfe in die Sandalen

unserer Liebe

darin getragen,

gemeinsam die Wege

unseres Glücks zu wagen …

Was ich mit Dir verbinde

Du bist mir
wie ein Engel,
Deine Worte
gleichen seinen Flügelschlägen,
Deine Freude
begleitet Dich
wie eine zarte Blume,
Du schließt ihren Stängel
mit Deinen Gedanken ein …

Auf all Deinen Wegen
ist die Sonne Dein Begleiter,
ist, was Dich
niemals verlässt,
sie will Dein Herz regen,
macht Dich heiter,
wenn frischer Wind mal bläst …

Wenn Du traurig bist,
weinst Du Tränentropfen
wie feiner Tau,
so rein,

sie waschen hinfort
alle Sorgen,
tropfen tief
in die Erde hinein …
Du erinnerst mich
an Leichtigkeit,
Deine Träume fliegen
bunter als ein Schmetterling,
bleiben liegen,
wo ich mit meiner Muße
reisend bin …

Du schenkst mir Frohsinn,
Deine Stimme
wie Kristall, so klar …,
egal, wo ich auch bin,
Deine Worte sind in mir
und Du bist immer da …

Du erinnerst mich
an Einzigartigkeit,
Du nimmst mich auf,
in Zweisamkeit …

Du zeigst mir
so vieles Schöne,
Du siehst mich
offenherzig an,

Du zeigst mir
immer wieder,
dass man Dich
nur als unbeschreiblich
beschreiben kann.

Meeresbrücken

Du bist das Meer der Sinne,
das die Wasser meines Lebens tränkt,
in einer Welt mit Dürre,
die dieses Wasser ertränkt …

Dessen Atome Brücken ins Trockene schlagen,
um gebend nach Durst zu fragen,
wenn Trockenheit kentert,
als „ich" in Dir „ertrinkt",
als Dein Meer der Sinne
zum Meeresboden sinkt …

Die größte Macht

Von allen Mächten

dieser Welt –

an denen der Mensch

sich misst,

gebrauche jene,

die am meisten zählt:

Jene Macht,

die Liebe ist ...

Sonnenscheingruß

Sende Dir einen Sonnenschein,
musste heute lange danach schauen,
blickte in mein Herz hinein,
da war er – schon seit Morgengrauen.

Liebe Sprüche

Unsere Liebe hat freie Fahrt,
weil wir über grüne Ampeln gehen,
wenn alle sagen: „Es ist rot …!"

Mit Dir geht es in die richtige Richtung,
weil ich es so süß finde,
wenn Du „rechts" und „links" vertauschst,
und ich Dir geradeaus sage,
dass ich Dich liebe …

Ich träume gerne,
bei Tag und Nacht,
weil Du meine Traumfrau bist,
wie gut ich auch träumen kann.

Du bist mein Sprachtalent,
weil Attraktivität und Charme
für Dich kein Fremdwort sind.

Liebe ist wie ein Zauberstab,
weil sie uns verzaubert hat
und es zwischen uns so magisch ist.

Ich fang' das Schreiben an,
weil ich mich mit einem Buch
beim Himmel bedanke,
das Deinen Namen trägt.

Du bekommst von mir einen
Blumengruß,
weil ich nicht Dein
Rosenkavalier bin, sondern Dein
Rosenplantagenverzauberer …

Ich liebe Dich,
weil ich mich morgens einmal anziehe, Du mich
aber den ganzen Tag …

Ich habe Appetit, weil Du mich,
Untergewichtigen der Liebe,
mit Deinem süßen Wesen
wieder aufpäppelst …

Mit Dir ist es fantastisch,
weil ich, seitdem ich Dich kenne,
mir vorstellen kann,
dass weißbunt ist …

Es ist einfach himmlisch,
weil Du für mich wie ein Engel bist
und die Erde eine weiche Wolke.

Ich nutze meinen Verstand,
weil es vernünftig ist,
verrückt nach Dir zu sein …

Es gibt für uns viele Wege,
da jeder Weg für uns bereitet ist,
wohin wir auch gehen …

Mit Dir rede ich gerne,
weil wir uns auch ohne Worte verstehen,
was mich so oft sprachlos macht.

Ich bin fasziniert:
Obwohl ich weit zählen kann,
gibt es unzählige Geschichten,
die wir uns erträumen können …

Ich liebe Dich,
weil ich mir mehr zutraue,
wenn ich auf Dich baue …

Du bist für mich wie ein Engel:
Du zeigst mir Plätze,
die einfach wunderschön sind …

Ich liebe Dich,
weil wir gemeinsam
einkaufen gehen,
in der bunten Welt
der Fantasie.

Ich liebe Dich,
weil Du mir schenkst,
was bleibt …

Ich liebe Dich,
weil Du meine Sorgen
an einen Luftballon schnürst
und sie der Weite
des Himmels übergibst …

Du bist für mich
wie ein Engel, denn:
Du nimmst
die Steine aus
meinen Schuhen,
dass ich den Weg
des Lebens
gemeinsam mit Dir
gehen kann …

Ich danke Dir,
dass Du mit
dem Nudelholz
auf mich wartest –
auf dem Kuchenteig.

Ich liebe Dich,
denn Dein Lachen
öffnet Herzen
und schließt Wunden …

Du bist unbezahlbar
und es ist egal,
wie viele wertvolle Dinge
ich entdecke …

Ich gehe gerne in den Streichelzoo,
weil ich tierlieb bin,
mein Schmusebär …

Du und ich, wir brennen füreinander,
weil bei unseren lodernden Herzen
Funkenflug ist.

Ich liebe Dich, weil Romeo und Julia
bei uns neidisch würden.

Du bist besonders,
denn Du liest mich wie ein Buch
und entdeckst immer wieder
neue Seiten an mir …

Du bist für mich von
unbeschreiblicher Bedeutung,
denn ich habe
mein Herz an Dich verloren
und zwei Herzen zurückbekommen …

Ich liebe Dich,
weil Du aus
„mir" und „Dir"
ein „uns" machtest …

Du bist wundervoll,
denn Dein Herz
fühlt wie das
eines Kindes
und denkt
wie das eines Erwachsenen …

Danke,
Du hast mein Leben verändert
und bist Du selbst geblieben …

Es ist einfach ganz besonders mit Dir:
Du machst die Welt
jedes Mal etwas schöner,
wenn Du lachst …

Ich bin sehr reich:
Du machst mein Leben wertvoll
ohne Geld ...

Ich bewundere Dich jeden Tag,
denn die Welt kennt mehrere Wunder,
Dich jedoch nur einmal ...

Ich liebe Dich:
Du schaust auf mich,
obwohl Du so hoch über mir bist ...

Du bist für mich ein Engel, denn:
Du bist vom Himmel geschickt
und hast die Flügel
für mich gleich mitgebracht …

Du bist von unschätzbarem Wert:
Du hast mir bereits mehr gegeben,
als ich je zurückgeben kann …

Ich bin ein
glücklicher Traumtänzer,
denn ich suchte
nach einem wunderschönen Traum
und habe Dich gefunden …

Du bist mein Traumpartner,
weil Du mit mir in Träumen verreist,
dadurch dass Du
in meinem Leben verweilst …

Ich schätze Dich so sehr, denn:
Du bist die Ruhe
in den Stürmen des Lebens …

Ich liebe Dich, denn:
Du nimmst mich, wie ich bin,
liebst mich, so wie ich bin,
und gibst mir doch
wertvolle Ratschläge.

Ich liebe Dich, denn:
Du hältst mich,
wenn ich auch fallen würde …

Ich liebe Dich, denn:
Du baust mit mir
unser Haus der Gemeinsamkeit,
der Zufriedenheit
und des Glückes,
mit bloßen Händen,
mit den Steinen der Liebe …

Ich liebe Dich,
weil die Sonne
jeden Tag untergeht,
Dein Strahlen jedoch bleibt …

Du bist für mich wie ein Engel,
weil nicht nur ich dies sage …

Ich danke Dir, denn:
Du erhellst meine Sicht
und ich kann klarer sehen …

Wir sind unzertrennlich, denn:
Wir sind in Gedanken
in Kontakt,
wenn wir uns auch nicht sehen …

Ich danke Dir, denn:
Mit Dir verschwindet
meine Unsicherheit
und ich bekomme neue Kraft.

Ein wahres Lächeln ist
ein Augenzwinkern von dem,
der mit dem Herzen schaut …

Du bist so besonders,
denn Du kümmerst Dich
um andere,
selbst
wenn sich keiner um Dich sorgt …

Ich möchte Dir heute
endlich sagen:
Mit Dir ist es himmlisch,
sogar ohne einen Flügel …

Ich liebe Dich, denn:
Du bist wundervoll,
wie sehr man auch versucht,
Dich zu beschreiben …

Du bist für mich
wie ein lieber Engel,
denn Du hast
so vielen Menschen geholfen,
Menschen wie mir …

Ich liebe Dich,
weil Du in der Prüfung
des Lebens
bereits Bonuspunkte machst.

Du bist für mich einzigartig,
denn Du verstehst,
was ich nicht sagen kann …

Ich liebe Dich,
denn Du erhellst die Nacht
wie ein Kerzenlicht.

Mit Dir beginnt
eine neue Zeitrechnung, denn:
Mit Dir ist der Tag schön,
jeder Tag
eines Jahres …

Ich danke Dir, denn:
Du bist die Arznei,
wenn mein Herz schmerzt …

Ich fühle mich sicher,
denn Du bist mein
dritter Fallschirm,
wenn ich falle …

Ich bin so beeindruckt,
denn all Deine Hilfe
ist nichts Besonderes für Dich …

Du bist für mich wie ein Engel,
denn Du schaust mich mit Deinen
gutmütigen Augen an
und vertraust in alle
guten Dinge der Erde …

Ich stelle meine
Zeit nach Dir,
denn Du machst
mehr als 365
gute Taten im Jahr …

Du bist für mich ein Engel,
denn Du teilst
Deine Flügel mit mir …

Ich habe mehr als
einen Goldschatz gefunden:
Ich suchte nach
so vielen schönen Plätzen
und fand den allerschönsten,
den Platz,
wo ich mit Dir
sein kann …

Ich danke Dir, denn:
Du erhellst meine Sicht,
sodass ich klar
und deutlich sehen kann …

Wir sind Lebenskünstler,
denn: Wir malen
unser Leben neu,
mit den Farben der Liebe …

Ich bin verzaubert,
denn Zeit und jede
andere Dimension
verschwinden
in einem Traum mit Dir ...

Du bist für mich ein Engel,
denn Du betest für mich,
sogar wenn ich
keinen Rat mehr weiß ...

Ich bin unsagbar reich,
denn Du brachtest
ein Stück Himmel
zu mir …

Ich bin gesprächig,
denn Dein Kuss
öffnet mir morgens
die Augen
und lässt mein Herz
den ganzen Tag
davon erzählen …

Du bist für mich ein Engel,
doch Engel bleiben oft im Himmel,
aber Du kamst zu mir …

Ich liebe Dich, denn:
Du weißt so viel
und kannst trotzdem vergessen …

Mit Dir ist es phänomenal,
denn ich schwebe mit Dir
und bleibe auf der Erde …

Ich liebe Dich, denn:
Du bist Wasser,
nach dem meine
Seele dürstet …

Ich bin wie verzaubert,
denn ich fliege mit Dir,
wenn Du mich hältst …

Ich danke Dir, wenn Du
mit dem Kochlöffel
auf mich wartest,
im Suppentopf …

Ich danke Dir,
denn trübe Gedanken
werden mit Dir
verwandelt in
liebe Momente ...

Du bist ein
wunderbarer Baumeister,
denn Du baust mit mir
eine Sandburg der Gemeinsamkeit,
die weder Flut noch Schaden kennt ...

Mit Dir reise ich gerne,
denn mit Dir gehe ich
in einem Märchen,
geführt von Deinen Worten ...

Ich bewundere Dich,
denn ich kann mit Dir
überallhin gehen,
und Du bist doch
einen Schritt voraus ...

Ich liebe Dich,
weil Du Dich
hinten in Deinen
Erwartungen anstellst,
wodurch Du
ganz vorne in
meinem Herzen stehst …

Ich bewundere Dich, denn:
Du baust die Zukunft
auf dem harten Boden
der Vergangenheit …

Du bist für mich wie ein Engel,
denn: Du wehrst die Angriffe
auf mein Herz ab,
mit Deinen Waffen
der Liebe …

Du bist ein besonderer Künstler,
denn Du gibst
unseren Worten Farben …

Ich danke Dir, denn:
Du halfst mir,
mich zu ändern,
als ich nicht bereit war,
mein Leben neu zu ordnen …

Du bist für mich wie ein Engel,
denn: Du hörst mir zu,
sodass ich mehr
auf meine innere Stimme
hören kann …

Ich bewundere Dich,
denn: Du lässt Deine
Worte tanzen,
voll mit Freude …

Dein Wesen ist für mich so heilsam,
denn: Du legst ein Pflaster
auf die Wunden
meines Herzens …

Du bist für mich wie ein Engel,
denn Du kannst die Menschen
neutral sehen,
selbst wenn ich
meine Vorurteile habe …

Ich bin lesefreudig,
weil Du die schönsten Seiten
des Lebens
mit Deinem Lesezeichen versiehst.

Du bist einzigartig,

denn Du bewertest Menschen nicht,

was Dich so, so wertvoll

für mich macht …

Ich bewundere Dich, denn:

Du hast Recht,

sogar

wenn ich

das letzte Wort habe …

Mit Dir ist es echt superlustig,

denn: Du lachst nicht über mich,

sondern mit mir …

Mit Dir geht es in die

richtige Richtung,

denn: Du bist

die Nadel

des Kompasses

meines Lebens,

die auf Liebe zeigt,

wenn ich

nicht mehr weiterweiß …

Du bist mein Naturtalent,
denn: Du gehst den einfacheren Weg,
wenn es auch manchmal
schwieriger ist ...

Ich chatte in netten Gesten
gerne mit Dir,
denn: Du hast die Nachrichten,
die mein Herz bewegen ...

Mein Herz hüpft, denn:
Dein Lächeln
nimmt all die Last
von ihm ...

Ich bin reich beschenkt,
denn Dein Ratschlag
ist unbezahlbar,
für mich jedoch kostenlos ...

Ich danke Dir, denn:
Du bist wie jener Spiegel,
der nicht spiegelverkehrt ist ...

Dir höre ich gerne zu,
denn Du sprichst
mit Deinen Taten,
was so viel sagt …

Ich benötige kein Wörterbuch,
denn: Du hast die Worte,
die mir fehlen …

Du bist wundervoll,
denn: Du fandest
die Durchwahl
zur Geheimnummer
meines Herzens …

Mit Dir wohne ich gut,
denn Du schmückst
jeden Raum
mit Deinem Strahlen …

Ich danke Dir,

denn: Du kannst

die Fragen beantworten,

die mein Herz

schon lange gestellt hat …

Du bist für mich
mein lieber Engel,
denn: Du tust Dinge für mich,
die kein anderer sonst
tun würde …

Ich habe stets schöne Aussichten,
denn: Dein Optimismus
bläst trübe Wolken hinfort,
im Winde Deiner Begeisterung …

Die Sprache der Liebe
kennt die Zahlen des
Alters nicht …

Freude geben
gibt mehr Freude
als Freude nehmen …

Würde Liebe
Schatten werfen,
so zeigten sie
einzig Helligkeit und Frohsinn …

Ich bin lesehungrig,

weil Du mit mir

die Morgenzeitung liest,

aus dem Stoff

unserer gestrigen Geschichten …

Ich liebe Dich,

denn ich muss

nicht nachdenken,

um gut von Dir zu denken …

Ich wohne sehr gut,

weil Du

der Einrichtungsberater bist,

der meine Fantasie ausschmückt …

Wir sind sehr reich,
weil wir etwas haben,
das unbezahlbar ist,
„uns" …

Ich danke Dir,
weil Du jener Künstler bist,
der Farbe in mein Leben bringt …

Ich mag Dich, schau doch nur:
Auch wenn ich mal traurig bin,
bin ich so glücklich,
dass es Dich gibt …

Wenn Liebe

ein Herz fesselt,

ist das Herz befreit ...!

Ich freue mich,
dass ich Dir stets nur
das Zweitbeste in meinem Leben
geben kann,
weil Du einfach das Beste bist …

Ich liebe Dich,
weil in unserem
liebevollen Leben
nicht die Post abgeht,
sondern wir das
ganze Postzentrum
innehaben.

Wie edles Metall

Wie edles Metall,

das niemals rostet,

spiegelst Du jeden Sonnenstrahl,

was nur ein Strahlen kostet.

Zweiter Schutzengel

Mein Schutzengel ist hier,
er steht mir liebevoll bei,
bist Du bei mir,
habe ich davon zwei.